# ПОСВЯЩАЕТСЯ

# РУССКИМЪ ДѢТЯМЪ

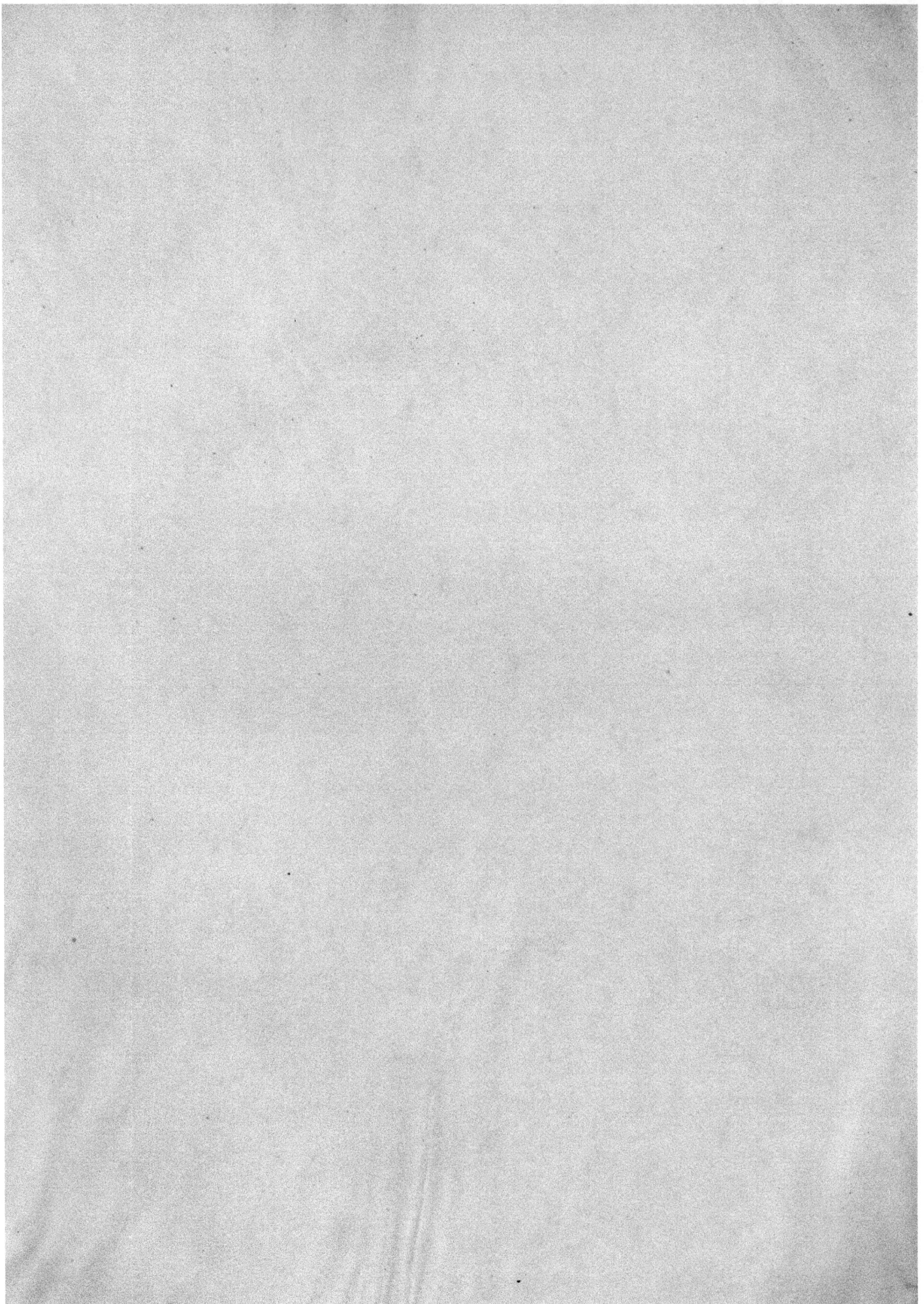

# ПѢСНИ

# КОЛЫБЕЛЬНЫЯ И ДѢТСКІЯ

## И

## ПРИБАУТКИ

1869

## СОРОКА.

Сорока воровка
Кашку варила,
Кашку варила,
На порогъ скакала,
Гостей созывала;
Гости не бывали,
Кашки не ѣдали.
Этому дала
На тарелочкѣ,
Этому — на блюдечкѣ,
Этому — въ чашечкѣ,
Этому — въ ложечкѣ,
А этому ничего не досталось.

Ты малъ, не удалъ
Ты дровъ не таскалъ,
Печки не топилъ,
Воды не носилъ,
Кашки не варилъ.
На же ложечку,
Свари самъ кашку.
Тутъ пень,
Тутъ колода,
Тутъ болото,
Тутъ зима,
Тутъ горячая вода.

## ВЕСНА.

Весна, весна красная,
Приди, весна, съ радостью,
Съ радостью, радостью,
Съ великою милостію,
Со льномъ высокимъ,
Съ корнемъ глубокимъ,
Съ хлѣбами обильными.

Весна, весна!
На чемъ пришла?
На чемъ пріѣхала?
На сошечкѣ,
На бороночкѣ.

## ВОРКУЙ ГОЛУБЧИКЪ.

Воркуй, воркуй, голубчикъ,
Воркуй, сизенькой!
Дворомъ летитъ, воркуетъ;
Шатромъ летитъ, слушаетъ.
А кто въ шатрѣ говоритъ?
Говоритъ во шатрѣ
Братъ со сестрою,
Родимый со родимою:
Сестрица моя родимая!
Пойдемъ гулять
Во зеленый садъ.

Сорвемъ въ саду по цвѣтку,
Совьемъ себѣ по вѣнку.
Понесемъ вѣнки къ батюшкѣ,
Ко родимой матушкѣ.
Сударь ты мой батюшка,
Сударыня ты моя матушка,
Который вѣнокъ алѣе?
Который изъ насъ милѣе?
Дитя мое милое!
Всѣ вѣнки алые,
Всѣ дѣти милые.

## ПРИДИ КОТЕНЬКА.

Приди, котенька, котокъ,
Приди, сѣренькій хвостокъ,
Приди, котикъ, ночевать,
Приди дитятко качать.

Ужъ какъ я тебѣ коту
За работу заплачу.
За работу заплачу,
Шубку новую сошью,
Шубку новую сошью,

И сапожки закажу.

У кота у воркота,
Была мачиха лиха;
Она била его
И журила его.
Котикъ, котикъ, на печи
Ты не много лепечи,
Лапки, лапки въ головахъ,
Кунья шубка на ногахъ.

## ГУЛИ.

Люли, люли, люли,
Прилетѣли гули!
Сѣли гули на кровать,
Кровать тóченную,
Позолóченную,
Съ бѣлымъ пологомъ,
Съ мягкимъ пуховикомъ!

Стали гули ворковать,
Тихо Сашу усыплять:
Спи, малютка, почивай,
Глазъ своихъ не открывай!
Когда выростешь большой,
Будешь въ золотѣ ходить,
Чисто серебро носить,
Обноски мамушкѣ дарить!

## ПАТОКА.

Па́тока, па́тока съ инбиремъ,
Варёна съ инбиремъ!
Варилъ дядя Симеонъ,
Тетушка Арина
Кушала, хвалила;
А дѣдушка Елизаръ
Всѣ пальчики облизалъ!

## ПѢТУШОКЪ.

Пѣтушокъ, пѣтушокъ,
Золотой гребешокъ,
Шелковая головка,
Красная бородка,
Что ты громко поешь,
Сашѣ спать не даешь!

## ВОЛЧЕКЪ.

Баю, баюшки, баю,
Не ложися на краю,
Переворотишься,
Долой скотишься;
Придетъ сѣренькій волчекъ,
Онъ ухватитъ за бочекъ,
Онъ ухватитъ за бочекъ,
И потащитъ во лѣсокъ.
Ты, волчекъ, не ходи,
И дитятку не буди.

## МАКЪ.

Ай на горѣ ли макъ, макъ
А подъ горою такъ, такъ!
Ахъ, свѣтъ мои маковочки,
Золотыя головочки!

Станьте вы въ рядъ,
Будетъ у насъ макъ!

. *.

Станемъ мы трясть макъ

Золотой нашъ макъ!
Въ полугорьи макъ,
Въ косогорьи макъ,
Маки маковочки
Золотыя головочки!

Станемъ мы въ рядъ
Спросимъ про макъ:
Созрѣлъ ли нашъ макъ?

## КОТИКЪ МОХНАТЫЙ.

Котикъ мохнатый,
По садику ходитъ,
А козликъ брадатый
За котикомъ бродитъ.
Лапочкой котикъ
Помадитъ свой ротикъ,
А козликъ сѣдою
Трясетъ бородою.

## ГРИБЪ.

Грибъ, грибъ,
Боровикъ,
Надъ грибами полковикъ,
Подъ дубомъ сидючи,
На грибы глядючи,
Повелѣлъ, приказалъ
Грибамъ на войну идти.

Отказалися маслянки:     Неповинны мы
Мы придворныя служанки,  На войну идти!

Отказалися опенки,
Говорятъ, что ноги тонки;
Неповинны мы
На войну идти!

Отказалися бѣлянки:
Столбовыя мы дворянки,
Неповинны мы
На войну идти!

Отказались мухоморы,
Говорятъ: мы сенаторы,
Неповинны мы
На войну идти!

Отказалися волнушки,
Говорятъ: ужъ мы старушки,
Неповинны мы
На войну идти!

Отказались рыжички:
Мы простые мужички,
Неповинны мы
На войну идти!

Отказалися сморчки:
Мы совсѣмъ ужъ старички,
Неповинны мы
На войну идти!

Грибъ, грибъ,
Боровикъ,
Надъ грибами полковикъ,
Подъ дубомъ сидючи,
На грибы глядючи,
Повелѣлъ, приказалъ
Груздямъ на войну идти.

Взговорили грузди:
Возмемся за ружья!
Дружно мы пойдемъ,

Мы въ походъ пойдемъ,
Всѣхъ грибовъ побьемъ,
И въ полонъ возмемъ!

## СОНЪ ДА ДРЕМА.

Баю, баюшки, баю,
Баю дитятку, баю!

Сонъ да дрема
У Николы въ головахъ,
Баю, баюшки, баю.

Сонъ ищетъ колыбель,
Гдѣ бы выспаться,
Баю, баюшки, баю.

У Николы колыбель
Во высокомъ терему,
Баю, баюшки, баю.

Выростетъ дитя,
Будетъ въ золотѣ ходить,
Баю, баюшки, баю.

Будетъ въ золотѣ ходить,
Въ чистомъ серебрѣ гулять,
Баю, баюшки, баю.

Въ чистомъ серебрѣ ходить,
Красно платье надѣвать,
Баю, баюшки, баю.

Нянюшкамъ, мамушкамъ
Обносочки дарить,
Сѣннымъ дѣвушкамъ по ленточкѣ,
Баю, баюшки, баю.

# ЛЕТѢЛИ ДВѢ ПТИЧКИ.

Летѣли двѣ птички,
Собою не велички,
  Чорнобровая моя!
  Черноглазая моя!


Какъ онѣ летѣли,
Всѣ люди глядѣли,
  Чорнобровая моя!
  Черноглазая моя!


Какъ онѣ садились,
Всѣ люди дивились,
  Чорнобровая моя!
  Черноглазая моя!


Какъ онѣ прощались,
Мило цѣловались,
  Чорнобровая моя!
  Черноглазая моя!

## ХМѢЛЬ.

Какъ за Волгою яръ хмѣль
Вкругъ кусточка вьется;
Перевѣйся, яръ хмѣль,
На нашу сторонку!
На нашей сторонкѣ
Тычья золотыя,
Удача большая
Вѣтви шелковыя.

Я нащиплю хмѣлю,
Хмѣлю яроваго,
Наварю я пива,
Пива молодаго,
Позову я гостя,
Гостя дорогаго,
Гостя дорогаго,
Батюшку роднаго.

## УТОЧКА.

Уточка луговая,
Сѣрая, полевая,
Гдѣ ты ночку ночевала?
Подъ кустомъ, подъ березкой
Выросли три березки;
Маковочки золотыя,
Головочки дорогія.
Сама утя хожу,
Дѣтей своихъ вожу;
Сама утя поплыву,
Дѣтей своихъ поведу.
Ай ути! Ай ути!
Да куда-же мнѣ уйти!

# ЛАДУШКИ.

Ладушки, ладушки,
Гдѣ были? у бабушки,
Кушали аладушки.
Что ѣли? кашку.
Что пили? бражку.
Кашка жирнéнька,
Бражка сладéнька,
Бабушка добрéнька!

## ХОДИТЪ КОТИКЪ.

Ходитъ котикъ по горенкѣ,
Смотритъ котя въ окошечко,
Котя сѣренькій,
Хвостикъ бѣленькій,
Лапка бархатная.
Поди, котя, во Торжокъ,
Купи, котя, пирожокъ,
Самъ кусочекъ откуси,
А мнѣ цѣлый принеси!
Я тебѣ, коту,
За работу заплачу,
Красну шапочку куплю!

## ЛЕНЪ

Ужъ я сѣяла, сѣяла ленокъ,
Я сѣяла, приговаривала,
Чеботами приколачивала:
Ты удайся, удайся ленокъ,
Ты удайся, мой бѣленькой ленокъ,
    Лёнъ, мой лёнъ,
    Бѣлый лёнъ.

Я полола, полола ленокъ,
Я полола, приговаривала,
Чеботами приколачивала:
Ты удайся, удайся ленокъ,
Ты удайся, мой бѣленькой лепокъ,
    Лёнъ, мой лёнъ,
    Бѣлый лёнъ.

Колотила, колотила я ленокъ,
Колотила, приговаривала,
Чеботами приколачивала,
Ты удайся, удайся ленокъ,
Ты удайся, мой бѣленькой ленокъ.
  Лёнъ мой лёнъ,
   Бѣлый лёнъ.

Я слала-то, слала-то ленокъ,
Я слала-то, приговаривала,
Чеботами приколачивала,
Ты удайся, удайся ленокъ,
Ты удайся, мой бѣленькой ленокъ.
  Лёнъ мой лёнъ,
   Бѣлый лёнъ.

Я сушила, сушила ленокъ,
Я сушила, приговаривала,
Чеботами приколачивала:
Ты удайся, удайся ленокъ,
Ты удайся, мой бѣленькой ленокъ,
    Лёнъ мой лёнъ,
      Бѣлый лёнъ.

Ужъ я мяла-то, мяла ленокъ,
Ужъ я мяла, приговаривала,
Чеботами приколачивала:
Ты удайся, удайся ленокъ,
Ты удайся, мой бѣленькой ленокъ,
    Лёнъ мой лёнъ,
      Бѣлый лёнъ.

Я трепала, трепала ленокъ,
Я трепала, приговаривала,
Чеботами приколачивала :
Ты удайся, удайся ленокъ,
Ты удайся, мой бѣленькой ленокъ,
    Лёнъ мой лёнъ,
    Бѣлый лёнъ.

Я чесала, чесала ленокъ,
Я чесала, приговаривала,
Чеботами приколачивала:
Ты удайся, удайся ленокъ,
Ты удайся, мой бѣленькой ленокъ,
    Лёнъ мой лёнъ,
    Бѣлый лёнъ.

Ужъ я пряла, я пряла ленокъ,
Ужъ я пряла, приговаривала,
Чеботами приколачивала:
Ты удайся, удайся ленокъ,
Ты удайся, мой бѣленькой ленокъ,
    Лёнъ мой лёнъ,
    Бѣлый лёнъ.

## Я УМНИЦА.

Я умница,
Разумница,
Про то знаетъ вся улица,
Пѣтухъ и курица,
Котъ и кошка,
Дуракъ Ермошка
И я немножко.

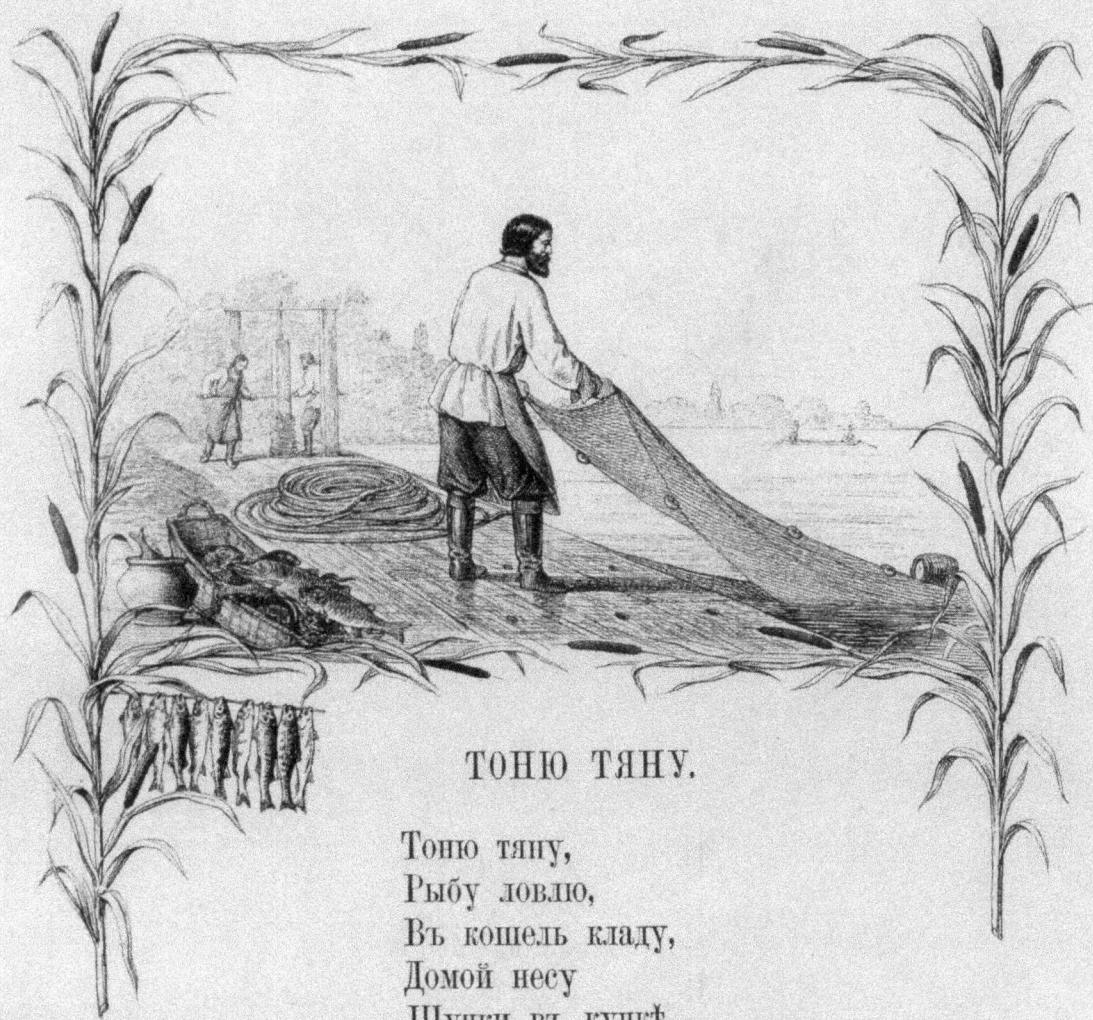

## ТОНЮ ТЯНУ.

Тоню тяну,
Рыбу ловлю,
Въ кошель кладу,
Домой несу
Щучки въ кучкѣ,
Плотички на палочкѣ,
Одинъ ершокъ
Да и тотъ въ горшокъ!
Ухи наварю,
Дѣтей накормлю,
Да и спать уложу.

## ПО ГОРАМЪ.

По горамъ, горамъ
По высокіимъ,
По раздольицамъ
По широкіимъ,
Тутъ огни горятъ
Негасимые,
Злы Татарове
Тутъ полонъ дѣлятъ.
Доставалася
Теща зятю въ плѣнъ;
Онъ отвезъ ее
Къ молодой женѣ.

„Ахъ и вотъ тебѣ,
Молода жена,
Полоняночка
Съ Руси русская!
Ты заставь ее
Три дѣла дѣлать:
Что и первое
То дитя качать,
А другое то
Тонкій кужель прясть,
Что и третіе
То цыплятъ пасти.“

„Ты баю, баю,
Мое дитятко!
Ты по батюшкѣ
Злой Татарченокъ,
Ты по матушкѣ
Милъ внученочекъ:
Вѣдь твоя-то мать
Мнѣ родная дочь;
Семи лѣтъ она
Во полонъ взята,
На правой рукѣ
Нѣтъ мизинчика.
Ты баю, баю,
Мое дитятко!"

Какъ услышала
Тутъ Татарочка,
Она кинулась,
Она бросилась
На бѣлы руки
Къ своей матушкѣ:
„Ахъ, родимая

Моя матушка!
Выбирай себѣ
Коня лучшаго:
Мы бѣжимъ съ тобой
На святую Русь,
На святую Русь,
Нашу родину!"

## БАЮ БАЮШКИ БАЮ.

Баю, баюшки, баю,

Живетъ мужикъ на краю;

Онъ не скуденъ, не богатъ,

Полна комната ребятъ,

Полна комната ребятъ,

Всѣ по лавочкамъ сидятъ,

Кашу съ маслицомъ ѣдятъ.

# ГУСИ.

Гуси вы, гуси,
Красныя лапки,
Гдѣ вы бывали?
Что вы слыхали?
Гдѣ вы встрѣчали
Ванюшину мать?
А Ванюшина мать
Въ полѣ гуляетъ,
Цвѣты собираетъ,
Вѣнокъ завиваетъ
Ванюшѣ своему.

## КОЛЫБЕЛЬНАЯ ПѢСНЯ.

Баю, баюшки, баю,
Баю Оленьку мою!
   Что на горкѣ, на горѣ,
   О весенной, о порѣ,
   Птички Божія поютъ,
   Въ темномъ лѣсѣ гнѣзда вьютъ.
Баю, баюшки, баю,
Баю Оленьку мою!
   Соловейко, соловей,
   Ты гнѣзда себѣ не вей,

Прилетай ты въ нашъ садокъ,
Подъ высокій теремокъ.
Баю, баюшки, баю,
Баю Оленьку мою!
   По кусточкамъ попорхать
   Спѣлыхъ ягодъ поклевать,
   Солнцемъ крылышки пригрѣть,
   Олѣ пѣсеньку пропѣть!
Баю, баюшки, баю,
Баю Оленьку мою!

## СЛАВА.

Слава Богу на небѣ,
Слава!

Государю нашему на сей землѣ!
Слава!

Чтобы нашему Государю не старѣться,
Слава!

Его цвѣтному платью не изнашиваться,
Слава!

Его добрымъ конямъ не изъѣзживаться,
Слава!

Его вѣрнымъ слугамъ не измѣниваться,
Слава!

Чтобы правда была на Руси
Слава!

Краше солнца свѣтла́;
Слава!

Чтобы Царева золота казна

       Слава!

Была вѣкъ полнымъ полна;

       Слава!

Чтобы большимъ-то рѣкамъ

       Слава!

Слава неслась до моря,

       Слава!

Малымъ рѣчкамъ до мельницы.

       Слава!

    А эту пѣсню мы хлѣбу поемъ,

          Слава!

    Хлѣбу поемъ, хлѣбу честь воздаемъ,

          Слава!

    Старымъ людямъ на потѣшеніе,

          Слава!

    Добрымъ людямъ на услышаніе.

          Слава!

# ВЕСНА.

**Moderato**

*mf* Весна, весна красная, приди весна съ радостью,

*ritenuto* — *a tempo*

ра-достью, ра-достью ве-ли-ко-ю милостью, со льномъ вы-со-кимъ, съ корнемъ глу-

*ritenuto* — *mf*

*ritenuto* — *mf* — **Allegretto**

бо-кимъ, съ хлѣбомъ о-биль-нымъ, съ хлѣбомъ о-бильнымъ! Вес-на, вес-на на чемъ при-

*ritenuto* — *mf*

*p*

шла? на чемъ, на чемъ при-ѣ-ха-ла? На со-шеч-кѣ, на бо-ро-ноч-

кѣ, на со-шеч-кѣ, на бо-ро-ноч-кѣ.

# ПѢТУШОКЪ.

*Moderato*

Пѣту-шокъ, пѣту-шокъ, зо-ло-той гре-бе-

шокъ. Шелкова-я го-лов-ка, красная, красная бо-род-ка, что ты

такъ звон-ко но ешь? Са-шѣ спать не да-ешь?

# МАКЪ.

*Allegretto*

Маки, маки, ма - ко - вицы, зо - ло -

ты - я го - ло - ви - цы. Станем - те мы - такъ, спросим - те про макъ.

# ГРИБЫ.

*Moderato*

Грибъ, грибъ, боровикъ, надъ грибами полковникъ,

*mf*

подъ дубомъ си - дю - чи, на грибы гля - дю - чи, повелѣлъ, приказалъ, грибамъ на вой - ну ит -

*Allegro molto*

ти.                     Отка  -  за - лся мас - ляики: мы при - дворны - я слу - жанки, не по - вин - ны

*Tempo I mo*

мы, на вой - ну     ит - ти.          *Coda.*          Взговори лись грузди: возмемся за

*mf*

ружья,     дружно мы пой - дем,          мы въ походъ пой - дем,          всѣхъ грибовъ по - бьемъ,

и въ полонъ воз - мемъ.          *ff*

# ХМѢЛЬ.

**Allegretto**

Хо-дили дѣ-вушки по бе-реж-ку, са-жали,
красныя, я-рый свой хмѣль, са-жали хмѣль, приго-ва-ри-ва-ли: са-жали хмѣль, приго-ва-ри-ва-ли.

# ЛАДУШКИ.

**Allegretto**

Ладушки, ладушки, гдѣ были? у бабуш-ки.
Ку-ша-ли а-ла-душ-ки, ку-ша-ли а-ла-душ-ки. Что ѣ-ли? каш-ку. Что пи-ли? браж-ку.

Кашка жир - ненька; Бражка сла денька; Ба-буш-ка доб - рень — — — — — — ка.

# ЛЁНЪ.

**Allegro**

*p* Лёнъ, лёнъ ты мой лёнъ, лёнъ, лёнъ зеле - ной!

Лёнъ, лёнъ ты мой лёнъ Лёнъ; лёнъ зеле - ной! Ужъ я сѣ - я - ла, сѣ-я-ла ле-

*mf*

нокъ, ужъ я такъ приго - ва - ри-ва-ла, че-бо - тами прико - ла чива-

*f*

## УМНИЦА.

**Scherzando**

Я ум-ни-ца, ра-зум-ни-ца, про то знаетъ вся у-ли-ца: Пѣтухъ и кури-ца, котъ и кош-ка, ду-ракъ Ер-мош-ка и я немнож-ко,

# СЛАВА.

Moderato

Сла — ва Бо — гу на не-бѣ сла — ва, сла—

*mf* *f*

ва! Го — су — да — рю на-ше-му на — зем — лѣ сла — ва!

*p* *mf* *f*

www.ingramcontent.com/pod-product-compliance
Lightning Source LLC
Chambersburg PA
CBHW081527040426
42447CB00013B/3365